COLLECTION FOLIO

Chimamanda Ngozi Adichie

Nous sommes tous des féministes

suivi de

Le danger de l'histoire unique

Traductions de l'anglais (Nigeria)
par Sylvie Schneiter et Mona de Pracontal

Gallimard

Nous sommes tous des féministes
Titre original :
WE SHOULD ALL BE FEMINISTS

Le danger de l'histoire unique
Titre original :
THE DANGER OF A SINGLE STORY

Chimamanda Ngozi Adichie est née en 1977 au Nigeria et a grandi sur le campus de l'Université du Nigeria à Nsukka. À dix-neuf ans, elle se rend aux États-Unis pour étudier. Diplômée en sciences politiques et communication, elle poursuit ses études en création littéraire à l'université Johns-Hopkins (Baltimore) puis en études africaines à Yale (New Haven). Elle partage aujourd'hui son temps entre Lagos et Washington.

Ses nouvelles ont été publiées dans de nombreuses revues littéraires, notamment dans *Granta*. Son premier roman, *L'hibiscus pourpre* (2003), a été sélectionné pour l'Orange Prize et le Booker Prize en 2004, et a remporté le Commonwealth Writers' Prize en 2005. *L'autre moitié du soleil* a reçu l'Orange Prize en 2007. Elle est l'auteur du très remarqué *Americanah* (2013), ainsi que de plusieurs essais dont *Nous sommes tous des féministes* et *Chère Ijeawele, ou un manifeste pour une éducation féministe*.

Lisez ou relisez les livres de Chimamanda Ngozi Adichie en Folio :

L'AUTRE MOITIÉ DU SOLEIL (Folio n° 5093)

AUTOUR DE TON COU (Folio n° 5863)

AMERICANAH (Folio n° 6112)

L'HIBISCUS POURPRE (Folio n° 6113)

LES ARRANGEMENTS *et autres histoires* / *THE ARRANGEMENTS and other stories* (Folio bilingue n° 214)

LE TREMBLEMENT *précédé de* LUNDI DE LA SEMAINE DERNIÈRE (Folio 2 € n° 6618)

NOUS SOMMES TOUS DES FÉMINISTES
(2012)

Introduction

Ce texte est une version modifiée d'une conférence que j'ai donnée en décembre 2012 au TEDxEuston, un colloque annuel consacré à l'Afrique. Des orateurs de différents domaines font de courts exposés destinés à provoquer et stimuler les Africains et les amis de l'Afrique. Lors d'un précédent colloque TED, j'avais donné une conférence sur le danger de la pensée unique, intitulée « The Danger of a Single Story », et sur la façon dont les stéréotypes appauvrissent et limitent nos idées, notamment à propos de l'Afrique. Il me semble que le terme de *féminisme* – que le concept même de féminisme – est lui aussi limité par les stéréotypes. Quand mon frère Chuck et

Ike, mon meilleur ami, tous deux organisateurs du TEDxEuston, ont insisté pour que je participe à celui-ci, je n'ai pas pu refuser. Et j'ai décidé de parler du féminisme, un sujet qui me touche particulièrement. Quels que soient mes doutes quant à l'intérêt qu'il susciterait, j'espérais initier une discussion ô combien nécessaire. Aussi, sur l'estrade ce soir-là, ai-je eu le sentiment d'être en présence d'une famille – un public bienveillant et attentif mais susceptible d'être récalcitrant. À la fin de ma conférence, les acclamations m'ont donné énormément d'espoir.

Nous sommes tous des féministes

Okoloma était l'un de mes meilleurs amis d'enfance. Il habitait ma rue et veillait sur moi à la manière d'un grand frère : si un garçon me plaisait, je demandais à Okoloma son avis. Okoloma était drôle et intelligent, il portait des santiags aux bouts pointus. Il est mort en décembre 2005 : son avion s'est écrasé au sud du Nigeria. J'ai encore du mal à trouver les mots pour exprimer ce que j'ai ressenti. Avec Okoloma, je pouvais débattre, rire et dire le fond de ma pensée. C'est aussi la première personne à m'avoir qualifiée de féministe.

J'avais environ quatorze ans. Nous étions chez lui, nous polémiquions, rivalisant de connaissances plus ou moins assimilées glanées dans nos lectures. Le sujet de la polémique m'échappe aujourd'hui, mais je me souviens du regard d'Okoloma tandis que j'affûtais mes arguments et de sa remarque : « Tu es une féministe, tu sais. »

À en juger par son ton – celui qu'on emploierait pour accuser une personne de soutenir le terrorisme –, ce n'était pas un compliment.

Je n'avais qu'une vague idée de ce que signifiait le mot féministe. Et je ne voulais surtout pas qu'Okoloma le sache. Du coup, je ne me suis pas appesantie et j'ai continué à débattre, non sans me promettre de chercher le mot dans le dictionnaire dès mon retour à la maison.

Un bond dans le temps.

En 2003, j'ai écrit un roman, *L'hibiscus pourpre*, dont l'un des personnages est un homme qui, entre autres, bat sa femme et dont l'histoire se termine plutôt mal. Alors que j'assurais la promotion du livre au Nigeria, un journaliste charmant et plein de bonnes intentions m'a dit qu'il souhaitait me donner un conseil. (Les

Nigérians, vous le savez peut-être, sont prompts à prodiguer des conseils non sollicités.)

D'après lui, les gens trouvaient mon roman féministe et il me recommandait – en secouant la tête, l'air attristé – d'éviter à tout prix de me présenter de la sorte car les féministes sont malheureuses, faute de trouver un mari.

Cela m'a incitée à me présenter comme une Féministe Heureuse.

Puis une universitaire nigériane m'a expliqué que le féminisme ne faisait pas partie de notre culture, que le féminisme n'était pas africain, et que c'était sous l'influence des livres occidentaux que je me présentais comme une féministe. (Ce qui m'a amusée, vu que l'essentiel de mes lectures de jeunesse n'avait rien de féministe : j'ai dû lire tous les romans à l'eau de rose de Mills&Boon avant l'âge de seize ans. D'ailleurs, chaque fois que j'essaie de lire ce qu'on appelle « les classiques du féminisme », je suis saisie d'ennui et ne les termine qu'à grand-peine.)

Quoi qu'il en soit, puisque le féminisme

n'était pas africain, j'ai décidé de me présenter comme une Féministe Africaine Heureuse. C'est alors qu'un de mes proches amis m'a fait remarquer que me présenter comme féministe était synonyme de haine des hommes. J'ai donc décidé d'être désormais une Féministe Africaine Heureuse qui ne déteste pas les hommes, qui aime mettre du brillant à lèvres et des talons hauts pour son plaisir, non pour séduire les hommes.

Trêve d'ironie, cela montre à quel point le terme *féministe* est chargé de connotations lourdes et négatives.

On déteste les hommes, on déteste les soutiens-gorge, on déteste la culture africaine, on estime que les femmes devraient toujours être aux manettes, on ne se maquille pas, on ne s'épile pas, on est toujours en colère, on n'a aucun sens de l'humour, on ne met pas de déodorant.

Voici une histoire de mon enfance :

Quand j'étais à l'école primaire, à Nsukka, une ville universitaire du sud-est du Nigeria, la maîtresse a annoncé au début du semestre qu'elle nous donnerait un devoir et que celui qui obtiendrait la meilleure note serait le chef de classe. Un rôle important. Non seulement le chef de classe inscrivait quotidiennement le nom des élèves turbulents – un pouvoir déjà grisant –, mais la maîtresse lui remettait une baguette à tenir à la main lorsqu'il arpentait la salle de classe à la recherche des élèves turbulents. Même s'il était, bien sûr, interdit de s'en servir, c'était une perspective enthousiasmante pour l'enfant de neuf ans que j'étais. J'avais très envie d'être chef de classe. Et j'ai eu la meilleure note.

Puis, à ma grande surprise, la maîtresse a déclaré que le chef de classe devait être un garçon. Persuadée que cela coulait de source, elle avait oublié de nous le préciser. C'était un garçon qui avait eu la meilleure note après la mienne. Il serait donc le chef de classe.

Le plus intéressant, c'est qu'il était adorable et doux de nature si bien que parcourir la salle de classe, armé d'une baguette, ne lui disait rien. Moi, en revanche, j'avais cette ambition chevillée au corps.

Mais j'étais une fille et lui, un garçon. Il est devenu chef de classe.

L'incident est resté gravé dans ma mémoire.

Si nous faisons sans arrêt la même chose, cela devient normal. Si nous voyons sans arrêt la même chose, cela devient normal. Si les chefs de classe ne sont que des garçons, nous finissons par penser, même inconsciemment, que c'est inévitable. Si nous ne voyons que des hommes occuper les postes de chef d'entreprise, nous en venons à trouver « naturel » que les hommes soient les seuls à être chefs d'entreprise.

Je commets souvent l'erreur de croire que ce qui est évident pour moi l'est aussi pour les autres. Ainsi, mon cher ami Louis, un homme aussi brillant que progressiste, me répétait lors de nos discussions : « Je ne comprends pas ce que tu veux dire quand tu affirmes que les choses sont différentes et plus pénibles pour les femmes. C'était peut-être le cas dans le passé, mais plus maintenant. Tout va bien pour les femmes désormais. » Je ne comprenais pas que Louis ne perçoive pas ce qui me paraissait évident.

J'adore rentrer chez moi, au Nigeria, et je passe le plus clair de mon temps à Lagos, la plus grande ville et le centre commercial du pays. Le soir, quand la chaleur baisse et que l'activité frénétique ralentit, je vais parfois au restaurant ou au café avec des amis et des membres de ma famille. Un soir, Louis et moi étions sortis avec des amis.

Lagos se distingue par une caractéristique formidable : quelques jeunes gens entreprenants traînent devant certains établissements, offrant leurs services, non sans ostentation, pour vous « aider » à garer votre voiture. Lagos est une mégapole de presque vingt millions d'habitants plus effervescente que Londres, plus dynamique que New York, aussi les gens rivalisent-ils d'inventivité pour gagner leur vie. Comme dans la plupart des grandes villes, se garer à Lagos est une gageure, de sorte que ces jeunes gens vous proposent de chercher une place et – même quand il y en a une sous votre nez – de vous y piloter à grand renfort de gesticulations et de promesses de « surveiller » votre voiture jusqu'à votre retour. Ce soir-là, les simagrées de celui qui nous avait trouvé une place m'avaient beaucoup impressionnée. Si bien qu'au moment de notre départ j'ai décidé qu'il méritait un pourboire. J'ai ouvert mon sac et y ai plongé la main pour y prendre des pièces que je lui ai tendues. Il a accepté, enchanté et reconnaissant de ce que je lui donnais, mais c'est à Louis qu'il a lancé : « Merci, m'sieu ! »

Mon ami m'a jeté un regard étonné : « Pourquoi me remercie-t-il ? Ce n'est pas moi qui lui ai donné un pourboire. » L'instant d'après, j'ai vu à son expression qu'il avait compris. L'homme était convaincu que si j'avais de l'argent sur moi, il ne pouvait être qu'à Louis. Parce que Louis est un homme.

Les hommes et les femmes sont différents. Nous n'avons ni les mêmes hormones, ni les mêmes organes génitaux, ni les mêmes capacités biologiques – les femmes peuvent avoir des enfants, les hommes non. Les hommes sécrètent de la testostérone et sont en général plus forts physiquement que les femmes. Il y a un peu plus de femmes que d'hommes dans le monde – elles constituent cinquante-deux pour cent de la population mondiale –, pourtant les hommes occupent la plupart des postes importants ou prestigieux. Feu Wangari Maathai, lauréate kényane du prix Nobel de la paix, l'a résumé par une formule aussi simple que percutante : « Plus on s'élève dans l'échelle sociale, moins il y a de femmes. »

Au cours des dernières élections américaines, on nous a rebattu les oreilles avec la loi Lilly Ledbetter[1]. Ne nous arrêtons pas à l'allitération plaisante du nom, car il s'agissait de ceci : aux États-Unis, un homme et une femme font le même métier, ont les mêmes qualifications, et l'homme est mieux payé parce que c'est un homme.

1. Loi votée par le Congrès en 2009 pour renforcer le droit des femmes et des minorités victimes de discrimination salariale. *(N.d.T.)*

Ainsi, au sens propre du terme, les hommes dirigent le monde. Cela s'expliquait il y a un millier d'années parce que les êtres humains vivaient dans un environnement où la force physique était l'attribut essentiel pour la survie ; les plus vigoureux avaient le plus de chances d'être des meneurs. Et les hommes sont en général doués d'une force physique supérieure. (À de nombreuses exceptions près, bien entendu.) Le monde où nous vivons aujourd'hui est complètement différent. L'être le mieux qualifié pour diriger n'est pas le plus fort physiquement. C'est le plus intelligent, le plus cultivé, le plus créatif, le plus inventif. Les hormones ne jouent aucun rôle dans ces qualités. Un homme peut être, aussi bien qu'une femme, intelligent, cultivé, créatif, inventif. Nous avons évolué. Nos idées sur la question du genre, en revanche, n'ont pas beaucoup progressé.

Il y a peu de temps, je suis entrée dans l'un des meilleurs hôtels du Nigeria et un vigile s'est interposé et m'a soumise à un interrogatoire exaspérant : Comment s'appelait la personne que j'allais voir ? Quel était son numéro de chambre ? Est-ce que je la connaissais ? Est-ce que je pouvais montrer ma carte magnétique pour lui prouver que j'étais une cliente ? Une femme qui entre seule dans un hôtel est automatiquement cataloguée comme travailleuse du sexe. Parce qu'il est impossible qu'une Nigériane ait les moyens de s'offrir une chambre. On ne harcèle pas un homme qui entre dans le même hôtel. On part du principe qu'il a le droit d'être là. (À propos, pourquoi ces hôtels ne s'intéressent-ils pas à la question de la *demande* de travailleuses du sexe plutôt qu'à l'*offre* ostensible ?)

À Lagos, je ne peux pas aller seule dans bon nombre de boîtes et de bars branchés. L'accès est interdit aux femmes non accompagnées d'un homme. Du coup, certains de mes amis qui arrivent devant ces établissements y entrent en donnant le bras à une parfaite inconnue qui n'a d'autre choix que de demander leur « aide » pour y entrer.

Chaque fois que je vais dans un restaurant nigérian avec un homme, le serveur salue l'homme et fait comme si je n'existais pas. Les serveurs sont les fruits d'une société qui leur a appris qu'un homme est plus important qu'une femme. Je sais qu'ils ne sont animés d'aucune mauvaise intention, mais avoir conscience d'une chose, ce n'est pas pareil que la ressentir. Quand un serveur m'ignore, j'ai l'impression d'être invisible. C'est insupportable. L'envie me tenaille de lui dire que j'appartiens autant à l'espèce humaine qu'un homme et que je suis aussi digne d'être prise en compte. Ce sont des petites choses mais, parfois, ce sont les plus blessantes.

Dernièrement, j'ai écrit un article sur le fait d'être une jeune fille à Lagos. Une de mes relations l'a trouvé trop violent et m'a dit que j'avais exagéré. Je n'ai éprouvé aucun regret. Bien sûr qu'il était violent. De nos jours, le déterminisme de genre est d'une injustice criante. Je suis en colère. Nous devrions tous être en colère. L'histoire de la colère comme matrice d'un changement positif est longue. Outre la colère, je ressens de l'espoir parce que je crois profondément en la perfectibilité de l'être humain.

Mais revenons à la colère. J'ai perçu une mise en garde dans le ton de mon interlocuteur et j'ai compris que sa remarque concernait autant mon caractère que l'article. Son ton signifiait que la colère sied vraiment mal aux femmes. Si vous êtes une femme, vous n'êtes pas censée exprimer votre colère parce qu'elle est menaçante. Une de mes amies américaines a remplacé un homme à un poste de cadre. Son prédécesseur était considéré comme un « battant plutôt dur » ; il ne mâchait pas ses mots, il était exigeant et particulièrement rigoureux en matière de feuilles de présence. Elle s'est lancée dans son nouveau travail en s'imaginant être tout aussi dure quoique peut-être plus gentille que lui – contrairement à elle, il n'avait pas toujours conscience que les gens avaient des familles. Au bout d'à peine quelques semaines, elle a réprimandé un employé qui avait trafiqué sa feuille de présence, exactement comme l'aurait fait son prédécesseur. L'employé s'est alors plaint de son attitude à la direction : c'était difficile de travailler avec mon amie, elle était agressive. D'autres employés abondèrent dans son sens. L'un spécifia qu'ils s'attendaient à ce qu'elle introduise une « touche féminine » dans son travail, mais que ça n'avait pas été le cas.

Aucun d'eux ne s'est rendu compte qu'un homme qui se serait comporté de la sorte aurait été félicité.

Une autre de mes amies américaines a un poste très bien payé dans la publicité. C'est une des deux femmes de son équipe. Lors d'une réunion, son patron n'avait pas tenu compte de ses observations puis avait complimenté un homme qui avait dit plus ou moins la même chose. Elle avait eu envie de hausser le ton pour demander à son patron de s'expliquer, mais elle ne l'avait pas fait. Au lieu de quoi, dès la fin de la réunion, elle s'était précipitée dans les toilettes où elle avait pleuré avant de m'appeler pour s'épancher. Elle avait gardé le silence parce qu'elle ne voulait pas avoir l'air agressive. Et elle avait rongé son frein.

Ce qui m'a frappée – tant chez elle que chez nombre d'amies américaines –, c'est leur souci d'être « aimées ». On les a élevées en leur donnant à croire que plaire est primordial, qu'il s'agit d'une caractéristique spécifique. Et que cela exclut l'expression de la colère, de l'agressivité ou d'un désaccord formulé avec trop de force.

Nous passons un temps fou à apprendre à nos filles à se préoccuper de l'opinion que les garçons ont d'elles. Mais le contraire n'est pas vrai. Nous n'apprenons pas à nos fils à se soucier d'être aimables. Nous passons un temps fou à répéter à nos filles qu'elles ne peuvent être en colère, ni agressives ni dures, ce qui est déjà assez grave en soi, sauf que nous prenons le contre-pied et félicitons ou excusons les garçons qui, eux, ne s'en privent pas. Dans le monde entier, il y a un nombre incroyable d'articles de magazines et de livres qui abreuvent les femmes de conseils sur ce qu'il faut faire, sur la façon d'être ou de ne pas être pour attirer les hommes ou leur plaire. On ne trouve pas, loin s'en faut, autant de guides de ce genre destinés aux hommes.

Une jeune fille qui participe à l'atelier d'écriture que j'anime à Lagos m'a confié qu'une de ses amies lui avait recommandé de ne pas écouter mon « discours féministe », sinon elle assimilerait des idées qui saperaient son mariage. Dans notre pays, on menace bien davantage une femme qu'un homme de cela – la ruine d'un mariage, l'éventualité de ne jamais se marier.

Partout dans le monde, la question du genre est cruciale. Alors j'aimerais aujourd'hui que nous nous mettions à rêver à un monde différent et à le préparer. Un monde plus équitable. Un monde où les hommes et les femmes seront plus heureux et plus honnêtes envers eux-mêmes. Et voici le point de départ : nous devons élever nos filles autrement. Nous devons élever nos fils autrement.

Notre façon d'éduquer les garçons les dessert énormément.

Nous réprimons leur humanité. Notre définition de la virilité est très restreinte. La virilité est une cage exiguë, rigide, et nous y enfermons les garçons.

Nous apprenons aux garçons à redouter la peur, la faiblesse, la vulnérabilité. Nous leur apprenons à dissimuler leur vrai moi, car ils sont obligés d'être, dans le parler nigérian, des *hommes durs*.

Au lycée, un garçon et une fille, adolescents, sortent avec peu d'argent de poche. Pourtant, c'est toujours le garçon qui doit régler l'addition pour prouver sa virilité. (Ce qui ne nous empêche pas de nous demander pourquoi les garçons ont davantage tendance à voler de l'argent à leurs parents.)

Et si nous inculquions aux garçons et aux filles qu'il ne faut pas faire de lien entre virilité et argent ? Et si l'idée n'était pas « c'est au garçon de payer » mais « c'est au plus riche de payer » ? Évidemment, du fait de leur supériorité historique, ce sont surtout les hommes qui sont les plus riches aujourd'hui. En revanche, si nous commençons à élever les enfants autrement, dans cinquante ans, dans cent ans, les garçons n'auront plus à prouver leur virilité par des moyens matériels.

Mais ce que nous faisons de pire aux hommes – en les convainquant que la dureté est une obligation –, c'est de les laisser avec un ego très fragile. Plus un homme se sent contraint d'être dur, plus son ego est faible.

Quant aux filles, nos torts envers elles sont encore plus graves, parce que nous les élevons de façon qu'elles ménagent l'ego fragile des hommes.

Nous apprenons aux filles à se diminuer, à se sous-estimer.

Nous leur disons : Tu peux être ambitieuse, mais pas trop. Tu dois viser la réussite sans qu'elle soit trop spectaculaire, sinon tu seras une menace pour les hommes. Si tu es le soutien de famille dans ton couple, feins de ne pas l'être, notamment en public, faute de quoi tu l'émasculeras.

Et si nous remettions en question ce principe lui-même ? Pourquoi faudrait-il que la réussite d'une femme soit une menace pour un homme ? Et si nous bannissions le mot *émasculation* de notre vocabulaire – je ne crois pas qu'il existe un mot que je déteste autant que celui-ci.

Une de mes relations nigérianes m'a demandé une fois si je ne craignais pas d'intimider les hommes.

Je ne le craignais absolument pas – ça ne m'était même jamais passé par la tête, étant donné qu'un homme que j'intimiderais serait précisément le genre d'homme qui ne m'intéresserait pas.

Cela ne m'en avait pas moins frappée. Comme je suis une fille, on s'attend à ce que j'aspire à me marier. On s'attend à ce que je fasse des choix en gardant toujours à l'esprit que le mariage est ce qu'il y a de plus important. Le mariage peut être une bonne chose, une source de bonheur, d'amour, d'entraide. Mais pourquoi apprenons-nous aux filles à y aspirer et non aux garçons ?

Je connais une Nigériane qui a vendu sa maison de peur d'intimider un homme susceptible de l'épouser.

Je connais une célibataire nigériane qui,

lorsqu'elle se rend à une conférence, porte une alliance parce qu'elle souhaite – selon ses propres termes – « inspirer du respect » à ses collègues.

Le plus triste, c'est qu'une alliance lui vaudra automatiquement le respect alors qu'elle n'aura droit qu'à du dédain si elle n'en porte pas – et il s'agit d'un lieu de travail moderne.

Je connais des jeunes filles qui subissent tant de pressions pour se marier – de leurs parents, de leurs amis ou même de leurs collègues – qu'elles en viennent à faire de très mauvais choix.

Notre société conditionne une femme à vivre comme un échec d'être toujours célibataire à un certain âge.

Tandis qu'un homme qui n'est toujours pas marié à un certain âge n'est tout bonnement pas parvenu à faire son choix.

Les femmes n'ont qu'à refuser cet état de fait – c'est facile à dire, mais la réalité est plus coriace et plus complexe. Nous sommes des êtres sociaux. Nous intériorisons les idées de notre environnement.

Même le vocabulaire que nous employons

le démontre. Le vocabulaire du mariage est souvent un vocabulaire de possession, non un vocabulaire d'échange.

Nous employons le terme de *respect* pour désigner ce qu'une femme témoigne à un homme mais rarement pour ce qu'un homme témoigne à une femme.

Pourtant, les hommes comme les femmes affirmeront : « Je l'ai fait pour la paix du ménage. »

Quand les hommes ont recours à cette formule, c'est souvent pour quelque chose qu'ils ne devraient pas faire. Quelque chose qu'ils confient à leurs amis avec un sourire agacé et qui est destiné, en fin de compte, à prouver leur virilité : « Ça ne plaît pas à ma femme que j'aille en boîte tous les soirs, alors, pour la paix du ménage, je n'y vais que le week-end. »

Quand les femmes disent : « Je l'ai fait pour la paix du ménage », elles parlent d'ordinaire d'un travail auquel elles ont renoncé ou d'un objectif professionnel ou d'un rêve.

Nous apprenons aux femmes que, dans le couple, c'est plutôt à elles de faire des concessions.

Nous apprenons à nos filles à considérer les autres filles comme des concurrentes, non dans le travail ou pour se réaliser – ce qui serait une bonne chose à mon avis – mais pour susciter l'intérêt des hommes.

Nous apprenons à nos filles que leur sexualité n'est pas comparable à celle des garçons. Si nous avons des fils, nous ne nous formalisons pas de les entendre évoquer leurs petites amies. Mais les petits amis de nos filles, Dieu nous en garde ! (Ce qui ne nous empêche pas d'attendre d'elles qu'elles ramènent, le moment venu, un mari idéal à la maison.)

Nous contrôlons nos filles. Nous portons aux nues leur virginité, mais nous ne portons pas aux nues celle des garçons (comment est-ce que c'est censé fonctionner, je me le demande, vu que la perte de virginité implique deux êtres de sexe opposé).

Dernièrement, une fille a été victime d'un viol collectif dans une université au Nigeria, et beaucoup de jeunes Nigérians, hommes et femmes, ont plus ou moins réagi comme suit : bien sûr, c'est mal de violer, mais qu'est-ce qu'elle faisait là, cette fille, dans une pièce avec quatre types ?

Oublions si c'est possible l'inhumanité atroce de cette réaction. En raison de leur éducation, les Nigérians sont convaincus de la culpabilité intrinsèque des femmes. Et on leur a appris à attendre si peu des autres hommes que leur comportement sauvage et leur manque de maîtrise d'eux-mêmes leur semblent en quelque sorte acceptables.

Nous apprenons la honte à nos filles. *Croise les jambes. Couvre-toi.* Nous les persuadons qu'elles sont coupables simplement parce qu'elles sont de sexe féminin. Aussi, en grandissant, deviennent-elles des femmes incapables d'exprimer leur désir. Qui s'imposent le silence. Qui ne peuvent dire ce qu'elles pensent. Qui ont élevé la simulation au rang d'une forme d'art.

Je connais une femme qui déteste les travaux ménagers mais qui a feint le contraire pour prouver par son humilité, conformément à ce qu'on lui avait enseigné, qu'elle avait l'« étoffe d'une femme d'intérieur ». Après quoi, elle s'est mariée. Et la famille de son mari lui a reproché d'avoir changé. Elle n'avait pas changé, elle en avait eu assez de jouer la comédie.

Le problème avec cette détermination sexuelle, c'est qu'elle vous dicte ce que vous devez être au lieu de prendre en compte qui vous êtes. Vous imaginez à quel point nous serions plus heureux, plus libres d'être nous-mêmes, sans le poids de ces conventions.

Les différences biologiques entre garçons et filles sont incontestables, mais la société les exacerbe. Et c'est le point de départ du processus qui s'auto-alimente. Prenez la cuisine, par exemple. De nos jours, ce sont surtout les femmes qui se chargent des tâches ménagères. Pourquoi ? Les femmes sont-elles nées avec le gène de la cuisine ou la société les a-t-elle conditionnées au fil des années à considérer que c'était leur rôle ? J'allais suggérer que les femmes sont peut-être effectivement nées avec le gène de la cuisine, puis je me suis souvenue que la plupart des cuisiniers célèbres du monde – ces « chefs », pour reprendre le nom sophistiqué qu'on leur attribue – sont des hommes.

Il m'arrivait de regarder ma grand-mère, une femme d'une intelligence exceptionnelle, et de me demander ce qu'elle serait devenue si elle avait eu les même possibilités qu'un homme dans sa jeunesse. Aujourd'hui, les femmes ont davantage de perspectives qu'à son époque. Et ce en raison de changements tant dans le domaine politique qu'en matière de lois, ce qui est important.

Mais notre attitude et notre mentalité le sont encore plus.

Et si, dans l'éducation que nous donnons à nos enfants, nous nous concentrions sur leurs aptitudes plutôt que sur leur sexe ? Sur leurs centres d'intérêt plutôt que sur leur sexe ?

Je connais une famille où il y a un fils et une fille. Ils ont un an de différence, ils sont tous les deux brillants à l'école. Quand le garçon a faim, les parents disent à leur fille d'aller préparer des nouilles instantanées *Indomie* pour son frère. La fille n'aime pas ça, mais c'est une fille alors elle n'a pas le choix. Et si les parents apprenaient dès le début à leurs deux enfants à préparer des nouilles *Indomie* ? D'autant que savoir cuisiner est une qualité fort utile pour un garçon – j'ai toujours estimé que ça n'avait pas de sens de confier quelque chose d'aussi vital, la capacité à se nourrir, aux autres.

Je connais une femme qui a le même diplôme et le même poste que son mari. À la fin d'une journée de travail, c'est elle qui assume presque toutes les corvées à la maison – ce qui est le cas dans la plupart des mariages. Ce qui m'a frappée, c'est que chaque fois qu'il changeait les couches du bébé, elle le remerciait. Et si elle trouvait normal et naturel qu'il s'occupe lui aussi de l'enfant ?

J'essaie de désapprendre nombre de leçons sur le genre que j'ai intériorisées en grandissant. Mais je reste vulnérable face au poids des conventions.

La première fois que j'ai animé un

atelier d'écriture en troisième cycle, j'étais angoissée. Non à cause du matériel pédagogique – j'étais bien préparée et ce que j'enseignais me passionnait –, mais à cause de ma tenue. Je tenais à être prise au sérieux.

Je savais qu'il me faudrait prouver ma compétence parce que j'étais une fille et j'avais peur de ne pas être prise au sérieux si j'étais trop féminine. Malgré mon envie de mettre du brillant à lèvres et une jupe à la mode, je ne l'avais pas fait. J'avais choisi un tailleur très austère, très masculin, très moche.

Le fond du problème, et c'est désolant, c'est qu'en matière d'apparence nous prenons les hommes comme référence. Beaucoup parmi nous sont persuadées que moins une femme est féminine, plus elle jouira de considération. L'idée que ce qu'il porte déterminera l'opinion qu'on a de lui n'effleure pas un homme qui se rend à une réunion professionnelle, alors qu'une femme se posera toujours la question.

Je regrette d'avoir porté cet horrible

tailleur ce jour-là. Si j'avais eu autant confiance en moi que maintenant, mes étudiants auraient profité d'un meilleur enseignement. Parce que j'aurais été plus à l'aise, plus moi-même et plus vraie.

J'ai décidé de ne plus mettre un bémol à ma féminité. Et je veux qu'on me respecte en tant que femme. J'y ai droit. La politique et l'histoire m'intéressent, le débat d'idées me passionne, ce qui ne m'empêche pas d'être une fille. Et contente de l'être. J'adore me jucher sur des talons hauts ou essayer différents rouges à lèvres. Les compliments d'hommes et de femmes me font plaisir (par souci d'honnêteté, je reconnais préférer ceux des femmes élégantes), mais je m'habille souvent d'une façon qui indispose les hommes ou qu'ils ne « comprennent » pas. Je porte des vêtements qui me plaisent et dans lesquels je me sens bien. Le regard de l'homme en tant qu'arbitre de mes choix est essentiellement anecdotique.

Une conversation sur la question du genre n'est jamais facile. Cela gêne ou même agace les gens. Hommes et femmes sont tout aussi hostiles au sujet, quand ils ne s'empressent pas de récuser les problèmes de discrimination sexiste. Parce que la remise en cause d'un statu quo n'est jamais chose aisée.

Certains me demandent : « Pourquoi employer le mot *féministe* ? Pourquoi ne pas vous contenter de dire que vous croyez profondément aux droits de l'homme, ou quelque chose comme ça ? » Parce que ce serait malhonnête. Le féminisme fait à l'évidence partie intégrante des droits de l'homme, mais se limiter à cette vague expression des *droits de l'homme* serait nier le problème particulier du genre. Ce serait une manière d'affirmer que les femmes n'ont pas souffert d'exclusion pendant des siècles. Ce serait mettre en doute le fait que ce problème ne concerne que les femmes. Qu'il ne s'agit pas de la condition humaine mais de la condition féminine. Durant des siècles, on a séparé les être humains en deux groupes, dont l'un a subi l'exclusion et l'oppression. La solution à ce problème doit en tenir compte, ce n'est que justice.

Pour certains hommes, l'idée même du féminisme est une menace. À mon sens, c'est en raison d'un sentiment d'insécurité dû à leur éducation, de la façon dont ils se sentent amoindris s'ils ne sont pas « naturellement » aux commandes en tant qu'hommes.

D'autres hommes peuvent réagir en disant : « C'est intéressant, j'en conviens, mais ce n'est pas ma façon de penser. La question du genre, je ne me la pose jamais. »

Peut-être.

Et c'est un élément du problème. Que les hommes ne réfléchissent pas à cette question, n'en soient pas conscients. Qu'un grand nombre d'entre eux disent, à l'instar de mon ami Louis, que la situation des femmes était sans aucun doute désastreuse dans le passé, mais que tout va bien désormais. De sorte que beaucoup d'hommes ne font rien pour améliorer les choses. Si vous êtes un homme et que vous entrez dans un restaurant où le serveur vous salue, est-ce que cela vous viendra à l'esprit de lui demander : « Pourquoi ne l'avez-vous pas saluée ? » Il est impératif que les hommes réagissent face à tous ces faits flagrants de la vie quotidienne.

Comme la question du genre plonge dans l'embarras, il est facile de clore une conversation sur ce sujet.

Certains mettront en avant la biologie évolutive et les singes, la façon dont les femelles s'inclinent devant les mâles, etc. Sauf que nous ne sommes pas des singes. Les singes vivent dans les arbres et se nourrissent de vers de terre. Ce n'est pas notre cas.

D'autres diront : « Eh bien, les hommes pauvres souffrent également. » Sans aucun doute.

Mais ce n'est pas le sujet de la conversation. La question du genre se distingue de celle de la classe sociale. Quelle que soit leur pauvreté, les hommes ne perdent pas leurs privilèges d'hommes, quand bien même ils ne jouissent pas des privilèges procurés par la richesse. En discutant avec des Noirs, j'ai beaucoup appris sur les systèmes d'oppression et le fait que les uns ne prennent pas en compte les autres. Un jour où je parlais de la question du genre, un homme m'a lancé : « Pourquoi faut-il qu'il s'agisse de vous en tant que femme ? Pourquoi pas de vous en tant qu'être humain ? » Ce type de question est une façon de réduire au silence une personne et son expérience propre. Je suis un être humain, bien sûr, mais il m'arrive un certain nombre de choses en ce monde parce que je suis une femme. Soit dit en passant, cet homme ne se privait pas d'évoquer son expérience en tant que Noir. (J'aurais probablement dû réagir en lui demandant : « Pourquoi ne parlez-vous pas de votre expérience en tant qu'homme ou qu'être humain ? Pourquoi en tant que Noir ? »)

Donc, non, c'est une conversation sur la question du genre. Certains diront : « Voyons, ce sont les femmes qui ont le vrai pouvoir : le "*bottom power*". » (Une expression nigériane désignant une femme qui utilise sa sexualité pour manipuler un homme.) À ceci près que le "*bottom power*" n'a rien d'un pouvoir ; une femme qui en use n'est pas puissante, elle a simplement trouvé le bon moyen d'exploiter un homme de pouvoir. Qu'adviendra-t-il si l'homme est de mauvaise humeur, malade ou affligé d'une impuissance temporaire ?

D'autres diront que la femme est inférieure à l'homme à cause de notre culture. Mais la culture est en constante évolution. J'ai deux ravissantes nièces, des jumelles de quinze ans. Si elles étaient nées un siècle plus tôt, on les aurait embarquées pour les tuer parce que, à cette époque-là, la culture ibo considérait la naissance de jumeaux comme un mauvais présage. De nos jours, c'est une coutume inconcevable pour les Ibos.

Quel est le but de la culture ? En fin de compte, elle est destinée à assurer la préservation et la perpétuation d'un peuple. Dans ma famille, je suis celle qui se passionne le plus pour notre histoire, notre identité, la terre de nos ancêtres, nos traditions. Mes frères y sont indifférents. Mais je ne peux participer à rien puisque la culture ibo privilégie les hommes et que seuls les hommes de la famille élargie assistent aux conseils où l'on prend des décisions primordiales pour la famille. J'ai beau être la plus intéressée, je suis exclue de ces conseils. Je n'ai pas droit à la parole. Parce que je suis de sexe féminin.

La culture ne crée pas les gens. Les gens créent la culture. S'il est vrai que notre culture ne reconnaît pas l'humanité pleine et entière des femmes, nous pouvons et devons l'y introduire.

Je pense très souvent à mon ami Okoloma. Puisse-t-il reposer en paix ainsi que les autres passagers qui ont perdu la vie dans cet accident de Sosoliso. Ceux qui l'ont aimé ne l'oublieront jamais. Okoloma avait raison de me qualifier de féministe ce jour-là, il y a bien longtemps. Je suis une féministe.

Et quand, il y a tant d'années, j'avais cherché le sens du mot dans le dictionnaire, j'avais lu : *Féministe : une personne qui croit à l'égalité sociale, politique et économique des sexes.*

D'après ce qu'on m'a raconté sur elle, mon arrière-grand-mère était féministe.

Elle s'est enfuie de la maison de l'homme qu'elle ne voulait pas épouser et a épousé l'homme de son choix. Elle ne se laissait pas faire, elle protestait et élevait la voix si elle avait l'impression d'être spoliée au prétexte qu'elle était une femme. Ce n'est pas parce qu'elle ignorait le terme *féministe* qu'elle ne l'était pas. La plupart d'entre nous devraient revendiquer ce mot. Le féministe le plus fervent que je connaisse, c'est mon frère Kene, un jeune homme par ailleurs adorable, beau et très viril. Pour ma part, je considère comme féministe un homme ou une femme qui dit, oui, la question du genre telle qu'elle existe aujourd'hui pose problème et nous devons le régler, nous devons faire mieux. *Tous* autant que nous sommes, femmes et hommes.

LE DANGER DE L'HISTOIRE UNIQUE (2009)

Je suis une raconteuse d'histoires. Et je voudrais vous en raconter quelques-unes, personnelles, sur ce que j'aime appeler « le danger de l'histoire unique ».

J'ai grandi sur un campus universitaire, à l'est du Nigeria. Ma mère dit que j'ai appris à lire à deux ans, mais je crois que quatre serait plus proche de la réalité. J'ai donc été une lectrice précoce et ce que je lisais, petite, c'étaient des livres pour enfants britanniques et américains. J'ai aussi été une écrivaine précoce et lorsque j'ai commencé, vers l'âge de sept ans, j'écrivais des histoires au crayon à papier, avec des illustrations au crayon de couleur, que ma pauvre mère était obligée de lire et qui étaient exactement du même genre que celles que je lisais : tous mes personnages étaient blancs aux yeux bleus, ils jouaient dans la neige, mangeaient des pommes et parlaient beaucoup du temps qu'il faisait – comme c'était merveilleux, le soleil était sorti.

Et tout cela, bien sûr, alors que je vivais au Nigeria. Que je n'avais jamais mis les pieds hors du Nigeria. Nous n'avions pas de neige, nous mangions des mangues et nous ne parlions pas du temps, parce qu'il n'y avait pas lieu de le faire. Mes personnages buvaient aussi beaucoup de *ginger beer*, parce que les personnages des livres britanniques que je lisais buvaient de la *ginger beer*. Je n'avais aucune idée de ce qu'était la *ginger beer* : peu importait. Et, pendant de longues années, j'allais mourir d'envie de goûter à la *ginger beer*. Mais ça, c'est une autre histoire.

Ce que cela montre, je crois, c'est à quel point nous sommes impressionnables et vulnérables face à une histoire, en particulier quand nous sommes enfants. Parce que les personnages des livres que je lisais étaient toujours étrangers, j'avais acquis la conviction qu'un livre, de par sa nature même, devait avoir des personnages étrangers et parler de choses auxquelles je ne pouvais pas m'identifier personnellement.

Mais cela a changé quand j'ai découvert les livres africains. Il n'y en avait pas beaucoup de disponibles ; comparés aux livres étrangers, ils n'étaient pas franchement faciles à trouver. Il n'empêche que, grâce à des écrivains comme Chinua Achebe et Camara Laye, ma perception de la littérature s'est progressivement transformée. Je me suis rendu compte que des gens comme moi, des filles à la peau couleur chocolat, aux cheveux crépus impossibles à coiffer en queue de cheval, pouvaient aussi exister dans la littérature. Et j'ai commencé à écrire sur des choses que je reconnaissais.

Entendons-nous, je les adorais, ces livres britanniques et américains. Ils stimulaient mon imagination. Ils m'ouvraient de nouveaux mondes. Mais ils avaient une conséquence imprévue, qui était que j'ignorais que des gens comme moi pouvaient exister dans la littérature.

Voici donc ce que la découverte des écrivains africains a fait pour moi : elle m'a évité d'avoir une histoire unique sur ce qu'est un livre.

Je viens d'une famille type de la classe moyenne nigériane. Mon père était professeur à l'université. Ma mère était administratrice. Et nous avions, comme c'était la norme, des domestiques à demeure, qui venaient souvent des villages de la proche campagne. Donc, l'année de mes huit ans, nous avons engagé un nouveau boy. Il s'appelait Fide. La seule chose que ma mère nous a dite à son sujet, c'est que sa famille était très pauvre. Ma mère envoyait du riz et des ignames à sa famille, ainsi que nos vieux vêtements. À table, si je laissais quelque chose dans mon assiette, ma mère me disait : « Finis ton assiette ! Ne sais-tu pas que des gens comme la famille de Fide n'ont rien ? » J'éprouvais donc une immense pitié pour la famille de Fide.

Et puis, un samedi, nous sommes allés en visite au village de Fide et sa mère nous a montré un panier en raphia teint, avec des motifs superbes, qu'avait fabriqué le frère de Fide. J'en suis restée stupéfaite. Il ne m'était pas venu à l'esprit que quelqu'un de sa famille puisse fabriquer quoi que ce soit. Tout ce que j'avais entendu dire sur ces gens, c'était qu'ils étaient très pauvres, de sorte qu'il m'était devenu impossible de les voir autrement que comme pauvres et seulement cela. Leur pauvreté était mon histoire unique à leur sujet.

J'y ai repensé, des années plus tard, quand j'ai quitté le Nigeria pour aller faire mes études aux États-Unis. J'avais dix-neuf ans. J'ai causé un choc à ma colocataire américaine. Elle m'a demandé où j'avais appris à parler si bien anglais et, quand je lui ai dit que l'anglais était en fait la langue officielle du Nigeria, ça l'a déboussolée. Elle m'a demandé si elle pouvait écouter ce qu'elle a appelé ma « musique tribale » et, lorsque j'ai sorti ma cassette de Mariah Carey, elle a été très déçue. Elle supposait aussi que je ne savais pas me servir d'une cuisinière.

Ce qui m'a frappée, c'est ceci : elle avait

eu pitié de moi avant même de me voir. Sa position par défaut envers moi, envers moi en tant qu'Africaine, était une sorte de pitié condescendante et bien intentionnée. Ma coloc avait une histoire unique de l'Afrique et c'était une histoire-catastrophe. Dans cette histoire unique, il était impossible que des Africains soient semblables à elle en quoi que ce soit, impossible qu'existent des sentiments plus complexes que la pitié, impossible que s'établisse une relation entre humains égaux. Je dois dire qu'avant d'aller aux États-Unis, je ne me définissais pas consciemment comme africaine. Mais aux États-Unis, chaque fois qu'il était question d'Afrique, les gens se tournaient vers moi, et peu importait que je ne sache rien de lieux tels que la Namibie. Pourtant, j'en suis venue à embrasser cette nouvelle identité et, à bien des égards, aujourd'hui, je me considère comme africaine. Même si cela m'irrite toujours passablement quand on parle de l'Afrique comme d'un pays, le plus récent exemple datant de mon vol en provenance de Lagos il y a deux jours, vol très agréable au demeurant, pendant lequel Virgin a diffusé une annonce sur le travail caritatif « en Inde, en Afrique et dans d'autres pays ».

Aussi, après avoir passé quelques années aux États-Unis en tant qu'Africaine, j'ai commencé à comprendre la réaction de ma colocataire à mon égard. Si je n'avais pas grandi au Nigeria et si tout ce que je savais de l'Afrique provenait des images populaires, moi aussi je croirais que l'Afrique est un lieu de paysages magnifiques, d'animaux magnifiques et de gens incompréhensibles, qui mènent des guerres absurdes, meurent de pauvreté et du sida, sont incapables de plaider leur propre cause et attendent d'être sauvés par un étranger blanc et bon. Je verrais les Africains de la même façon qu'enfant j'avais vu la famille de Fide.

Je crois que cette histoire unique de l'Afrique vient fondamentalement de la littérature occidentale. Voici une citation tirée des écrits d'un marchand de Londres du nom de John Lok, qui a fait voile pour l'Afrique de l'Ouest en 1561 et consigné un fascinant récit de voyage. Après avoir traité les Africains noirs de « bêtes qui n'ont pas de maisons », il écrit : « Il y a aussi des gens sans tête, qui ont la bouche et les yeux dans la poitrine. »

Cette histoire me fait rire chaque fois que je la lis. Et il faut admirer l'imagination de John Lok. Mais ce qui est important, dans ses écrits, c'est qu'ils marquent le début d'une tradition dans la façon de raconter des histoires africaines en Occident : une tradition de l'Afrique subsaharienne comme terre de différences, de négativités, de ténèbres, peuplée de gens qui, selon les mots du merveilleux poète Rudyard Kipling sont « mi-diables, mi-enfants ». Et c'est ainsi que j'ai commencé à comprendre que ma colocataire américaine devait avoir vu et entendu différentes versions de cette histoire unique au cours de sa vie. Tout comme ce professeur qui m'a dit un jour que mon roman n'était pas « authentiquement africain ». Or, si j'étais tout à fait prête à entendre qu'il y avait des choses qui n'allaient pas dans le roman, qu'il péchait en plusieurs endroits, et à en discuter, je n'avais pas vraiment imaginé qu'il pût pécher par incapacité à produire une chose nommée « authenticité africaine ». D'ailleurs je ne savais pas ce que c'était, l'authenticité africaine. Le professeur m'a expliqué que mes personnages lui ressemblaient trop, à lui qui était un homme instruit de la classe moyenne. Mes personnages conduisaient des voitures. Ils ne mouraient pas de faim. Ils n'étaient donc pas authentiquement africains.

Mais je dois m'empresser d'ajouter que je suis tout aussi coupable, en matière d'histoire unique. Il y a quelques années, je suis allée au Mexique depuis les États-Unis. Le climat politique était tendu, à cette époque, aux États-Unis, et il y avait pas mal de débats sur l'immigration. Et, comme cela arrive souvent en Amérique, « immigration » était devenu synonyme de « Mexicains ». On entendait sans cesse des histoires de Mexicains qui arnaquaient le système de santé, qui passaient la frontière en douce, qui se faisaient arrêter à la frontière, ce genre de choses.

Je me souviens de m'être promenée, mon premier jour à Guadalajara, d'avoir regardé les gens qui allaient travailler, qui roulaient des tortillas sur la place du marché, qui fumaient, qui riaient. Je me souviens d'avoir d'abord ressenti une légère surprise, et puis la honte m'a submergée. Je me suis rendu compte que j'avais tellement baigné dans l'image que les médias donnaient des Mexicains qu'ils étaient devenus, dans mon esprit, les affreux immigrés. J'avais adhéré à l'histoire unique des Mexicains et je n'aurais pas pu avoir plus honte de moi-même. Et c'est comme cela que l'on crée une histoire unique ; montrez un peuple comme une chose, une seule et unique, encore et toujours, et il devient cette chose.

Il est impossible de parler de l'histoire unique sans parler de pouvoir. Il y a un mot, un mot ibo, qui me vient à l'esprit chaque fois que je pense aux structures de pouvoir dans le monde, et c'est « *nkali* ». C'est un nom qu'on pourrait traduire librement par : « le fait d'être plus grand qu'un autre ». De même que nos mondes politique et économique, les histoires sont définies par le principe de *nkali* : comment on les raconte, qui les raconte, quand on les raconte, combien on en raconte, tout cela est en réalité une question de pouvoir.

Le pouvoir est la capacité non pas seulement de raconter l'histoire de quelqu'un d'autre, mais d'en faire l'histoire de référence de cette personne. Le poète palestinien Mourid al-Barghouti écrit que, si l'on veut déposséder un peuple, la façon la plus simple de procéder est de raconter son histoire, et de le faire en commençant par le « deuxièmement ». Commencez par les flèches des Américains autochtones plutôt que par l'arrivée des Britanniques, et vous aurez une histoire entièrement différente. Commencez par la faillite des états africains plutôt que par le découpage colonial de l'Afrique, et vous aurez une histoire entièrement différente.

Je suis intervenue récemment dans une université et un étudiant m'a dit qu'il était vraiment désolant que les hommes au Nigeria soient maltraitants, comme le personnage du père dans mon roman. Je lui ai dit que je venais de lire un roman intitulé *American Psycho*… et qu'il était vraiment désolant que les jeunes Américains soient des tueurs en série. Alors, évidemment, j'ai dit cela sous l'emprise d'une légère irritation. Mais il ne me serait jamais venu à l'esprit que, pour la simple raison que j'avais lu un roman dans lequel un personnage était tueur en série, ce dernier était représentatif de tous les Américains. Et ce n'est pas parce que cet étudiant était quelqu'un de moins bien que moi, non, mais parce que, à cause du pouvoir économique et culturel de l'Amérique, je disposais de nombreuses histoires de l'Amérique. J'avais lu Tyler et Updike, Steinbeck et Gaitskill. Je n'avais pas une histoire unique de l'Amérique.

Il y a quelques années, lorsque j'ai appris que les écrivains étaient censés avoir vécu une enfance vraiment malheureuse pour réussir, je me suis mise à chercher comment j'allais pouvoir inventer des choses horribles que mes parents m'auraient fait subir. Seulement, la vérité, c'est que j'ai eu une enfance très heureuse, pleine de rires et d'amour, au sein d'une famille très unie. Mais j'ai aussi eu des grands-pères qui sont morts dans des camps de réfugiés. Mon cousin Polle est mort faute d'accès à des soins médicaux convenables. Un de mes amis les plus proches, Okoloma, est mort dans un accident d'avion parce que nos camions de pompiers n'avaient pas d'eau. J'ai grandi sous des gouvernements militaires répressifs qui dévalorisaient l'éducation, de sorte qu'il arrivait à mes parents de ne pas recevoir leurs salaires. Alors, enfant, je voyais la confiture disparaître de la table du petit déjeuner, puis la margarine, et puis c'était le pain qui devenait trop cher, puis le lait qui était rationné. Et surtout il y avait une sorte de peur politique normalisée qui s'infiltrait dans nos vies.

Toutes ces histoires ont fait de moi ce que je suis. Mais mettre l'accent seulement sur ces histoires négatives, c'est lisser mon expérience et ignorer les nombreuses autres histoires qui m'ont formée. L'histoire unique crée des stéréotypes, et le problème des stéréotypes n'est pas qu'ils sont inexacts, c'est qu'ils sont incomplets. Ils font qu'une histoire devient *la seule* histoire. Bien sûr, l'Afrique est un continent où abondent les catastrophes : il y en a d'immenses, comme les viols atroces au Congo, et de déprimantes, comme le fait qu'au Nigeria, pour une offre d'emploi, cinq mille personnes candidatent. Mais il y a d'autres histoires, qui elles ne relèvent pas de la catastrophe, et il est très important, tout aussi important, d'en parler. J'ai toujours eu le sentiment qu'il était impossible de dialoguer véritablement avec un lieu ou une personne sans dialoguer aussi avec toutes les histoires de ce lieu ou de cette personne. La conséquence de l'histoire unique, la voici : elle dépouille les gens de leur dignité. Elle nous empêche de voir que nous partageons la même humanité. Elle met l'accent sur ce en quoi nous sommes différents, plutôt que sur ce en quoi sous sommes semblables.

Et si, avant mon voyage au Mexique, j'avais suivi le débat sur l'immigration des deux côtés, États-Unis et Mexique ?

Et si ma mère nous avait dit que, dans la famille de Fide, ils étaient pauvres et travailleurs ? Et si nous avions un réseau de télévision africain qui diffuse des histoires africaines diverses dans le monde entier ? Ce que l'écrivain nigérian Chinua Achebe appelle « un équilibre des histoires ». Et si ma colocataire avait entendu parler de mon éditeur nigérian, Muhtar Bakare, un homme remarquable qui a quitté son travail dans une banque pour réaliser son rêve et fonder une maison d'édition ? Certes, le bon sens populaire disait que les Nigérians ne lisent pas de littérature. Mais lui n'était pas d'accord avec ça. Il avait le sentiment que les gens qui savaient lire liraient si on leur rendait la littérature abordable et disponible. Peu après qu'il eut publié mon premier roman, je suis allée faire une interview pour une chaîne de télévision de Lagos, et une femme qui travaillait là-bas comme coursière m'a abordée et m'a dit : « J'ai vraiment aimé votre roman. Je n'ai pas aimé la fin. Alors il faut que vous écriviez une suite et voilà ce qui va se passer… »

Et elle a entrepris de m'expliquer ce que je devais écrire dans un volume à suivre. Ça ne m'a pas seulement charmée, ça m'a aussi beaucoup touchée. Voilà une femme qui faisait partie des masses ordinaires de Nigérians qui n'étaient pas censés être des lecteurs. Or non seulement elle avait lu le livre, mais elle se l'était approprié et se sentait en droit de me dire ce que je devais écrire dans la suite en question.

Et si ma colocataire avait entendu parler de mon amie Funmi Iyanda, une femme intrépide qui anime une émission télévisée à Lagos et qui est bien décidée à raconter les histoires que nous préférons oublier ? Si ma colocataire avait entendu parler de l'opération cardiaque pratiquée la semaine dernière à l'hôpital de Lagos ? Et si ma colocataire avait entendu parler de la musique nigériane contemporaine, de ces gens talentueux qui chantent en anglais et en pidgin, en ibo, en yoruba et en ijo, croisant des influences qui vont de Jay-Z à Fela en passant par Bob Marley et leurs grands-pères ? Et si ma colocataire avait entendu parler de l'avocate qui a récemment intenté une action en justice pour contester une loi ridicule exigeant que les femmes obtiennent l'accord de leur mari pour renouveler leur passeport ? Et si ma colocataire avait entendu parler de Nollywood et de tous ces gens novateurs qui font des films malgré de grandes difficultés techniques, des films si populaires qu'ils sont vraiment le meilleur exemple de cas où des Nigérians consomment leur propre production ? Et si ma colocataire avait entendu parler de ma tresseuse, épatante d'ambition, qui vient de monter son business d'extensions de cheveux ? Ou des millions d'autres Nigérians qui montent des affaires et font parfois faillite, sans pour autant perdre leur envie de monter des projets ?

Chaque fois que je rentre, je retrouve les causes d'irritation habituelles pour la plupart des Nigérians – nos infrastructures défaillantes, notre gouvernement défaillant –, mais aussi l'incroyable résilience de gens qui réussissent malgré le gouvernement, plutôt que grâce à lui. J'anime des ateliers d'écriture à Lagos tous les étés et je suis toujours étonnée par le nombre de gens qui postulent, le nombre de gens qui ont ce désir d'écrire, de raconter des histoires.

Mon éditeur nigérian et moi-même, nous venons de fonder une association à but non lucratif, Farafina Trust, et nous avons de grands rêves : construire des bibliothèques, en rénover d'autres déjà existantes, fournir des livres à celles des écoles publiques, qui en manquent cruellement, et aussi organiser une foule d'ateliers, de lecture comme d'écriture, pour tous ceux qui sont désireux de raconter nos nombreuses histoires.

Les histoires comptent. La multitude des histoires compte. Des histoires ont été utilisées pour déposséder et pour calomnier, mais des histoires peuvent aussi servir à reprendre du pouvoir et à humaniser. Des histoires peuvent briser la dignité d'un peuple, mais des histoires peuvent aussi restaurer cette dignité brisée. L'écrivaine américaine Alice Walker a écrit ceci au sujet de ses parents, originaires du Sud, partis s'installer dans le

Nord – elle leur avait fait découvrir un livre sur cette vie dans le Sud qu'ils avaient laissée derrière eux : « Ils s'installaient, ils lisaient le livre par eux-mêmes, ils m'écoutaient lire le livre, et une sorte de paradis s'est reconquis. »

J'aimerais terminer sur cette pensée : lorsque nous rejetons l'histoire unique, lorsque nous nous rendons compte qu'il n'y a jamais une histoire unique pour un lieu donné, quel qu'il soit, nous reconquérons une sorte de paradis.

Merci.

Nous sommes tous des féministes
(Traduit par Sylvie Schneiter) 9

Le danger de l'histoire unique
(Traduit par Mona de Pracontal) 53

COLLECTION FOLIO 2 €

Dernières parutions

6162. Scholastique Mukasonga — *La vache du roi Musinga* et autres nouvelles rwandaises

6163. Mark Twain — *À quoi rêvent les garçons. Un apprenti pilote sur le Mississippi*

6178. Oscar Wilde — *Le Pêcheur et son Âme* et autres contes

6179. Nathacha Appanah — *Petit éloge des fantômes*

6180. Arthur Conan Doyle — *La maison vide* précédé du *Dernier problème. Deux aventures de Sherlock Holmes*

6181. Sylvain Tesson — *Le téléphérique* et autres nouvelles

6182. Léon Tolstoï — *Le cheval* suivi d'*Albert*

6183. Voisenon — *Le sultan Misapouf et la princesse Grisemine*

6184. Stefan Zweig — *Était-ce lui ?* précédé d'*Un homme qu'on n'oublie pas*

6210. Collectif — *Paris sera toujours une fête. Les plus grands auteurs célèbrent notre capitale*

6211. André Malraux — *Malraux face aux jeunes. Mai 68, avant, après. Entretiens inédits*

6241. Anton Tchékhov — *Les méfaits du tabac* et autres pièces en un acte

6242. Marcel Proust — *Journées de lecture*

6243. Franz Kafka — *Le Verdict – À la colonie pénitentiaire*

6245. Joseph Conrad — *L'associé*

6246. Jules Barbey d'Aurevilly — *La Vengeance d'une femme* précédé du *Dessous de cartes d'une partie de whist*

6285. Jules Michelet — *Jeanne d'Arc*

6286. Collectif — *Les écrivains engagent le débat. De Mirabeau à Malraux, 12 discours d'hommes de lettres à l'Assemblée nationale*

6319. Emmanuel Bove	*Bécon-les-Bruyères* suivi du *Retour de l'enfant*
6320. Dashiell Hammett	*Tulip*
6321. Stendhal	*L'abbesse de Castro*
6322. Marie-Catherine Hecquet	*Histoire d'une jeune fille sauvage trouvée dans les bois à l'âge de dix ans*
6323. Gustave Flaubert	*Le Dictionnaire des idées reçues*
6324. F. Scott Fitzgerald	*Le réconciliateur* suivi de *Gretchen au bois dormant*
6358. Sébastien Raizer	*Petit éloge du zen*
6359. Pef	*Petit éloge de lecteurs*
6360. Marcel Aymé	*Traversée de Paris*
6361. Virginia Woolf	*En compagnie de Mrs Dalloway*
6362. Fédor Dostoïevski	*Un petit héros*
6395. Truman Capote	*New York, Haïti, Tanger* et autres lieux
6396. Jim Harrison	*La fille du fermier*
6412. Léon-Paul Fargue	*Mon quartier* et autres lieux parisiens
6413. Washington Irving	*La Légende de Sleepy Hollow*
6414. Henry James	*Le Motif dans le tapis*
6415. Marivaux	*Arlequin poli par l'amour* et autres pièces en un acte
6417. Vivant Denon	*Point de lendemain*
6418. Stefan Zweig	*Brûlant secret*
6459. Simone de Beauvoir	*L'âge de discrétion*
6460. Charles Dickens	*À lire au crépuscule* et autres histoires de fantômes
6493. Jean-Jacques Rousseau	*Lettres sur la botanique*
6494. Giovanni Verga	*La Louve* et autres récits de Sicile
6495. Raymond Chandler	*Déniche la fille*
6496. Jack London	*Une femme de cran* et autres nouvelles
6528. Michel Déon	*Un citron de Limone* suivi d'*Oublie...*
6530. François Garde	*Petit éloge de l'outre-mer*
6531. Didier Pourquery	*Petit éloge du jazz*
6532. Patti Smith	*« Rien que des gamins »*
6546. Barack Obama	*Discours choisis*
6563. Jean Giono	*Refus d'obéissance*

6564. Ivan Tourguéniev	*Les Eaux tranquilles*
6566. Collectif	*Déclaration universelle des droits de l'homme*
6567. Collectif	*Bonne année ! 10 réveillons littéraires*
6579. Honoré de Balzac	*La Vendetta*
6580. Antoine Bello	*Manikin 100*
6581. Ian McEwan	*Mon roman pourpre aux pages parfumées* et autres nouvelles
6582. Irène Némirovsky	*Film parlé*
6618. Chimamanda Ngozi Adichie	*Le tremblement* précédé de *Lundi de la semaine dernière*
6619. Elsa Triolet	*Le destin personnel* suivi de *La belle épicière*
6650. Collectif	*Tous végétariens ! D'Ovide à Ginsberg, petit précis de littérature végétarienne*
6651. Hans Fallada	*Voyous, truands et autres voleurs*
6652. Marina Tsvétaïéva	*La tempête de neige – Une aventure. 2 pièces romantiques*
6653. Émile Zola	*Le Paradis des chats* et autres textes
6693. Corinne Atlan	*Petit éloge des brumes*
6694. Ludmila Oulitskaïa	*La soupe d'orge perlé* et autres nouvelles
6695. Stefan Zweig	*Les Deux Sœurs* précédé d'*Une histoire au crépuscule*
6727. Marcel Proust	*Vacances de Pâques* et autres chroniques
6728. Jane Austen	*Amour et amitié*
6742. Marguerite Yourcenar	*Les Songes et les Sorts*
6743. Les sœurs Brontë	*Autolouange* et autres poèmes
6744. F. Scott Fitzgerald	*Le diamant gros comme le Ritz*
6745. Nicolas Gogol	*2 nouvelles de Pétersbourg*
6746. Eugène Dabit	*Fauteuils réservés* et autres contes
6778. Annie Ernaux	*Hôtel Casanova* et autres textes brefs
6779. Victor Hugo	*Les Fleurs*
6798. Chimamanda Ngozi Adichie	*Nous sommes tous des féministes* suivi du *Danger de l'histoire unique*

Composition Nord Compo
Achevé d'imprimer par Novoprint,
à Barcelone, le 4 février 2020.
Dépôt légal : février 2020.
ISBN 978-2-07-288650-8./Imprimé en Espagne.

363679